O maravilhoso reino de Atlântida

Emiliano Di Marco

O MARAVILHOSO REINO DE ATLÂNTIDA

Ilustrações de
Massimo Bacchini

Tradução de
Gabriel Bogossian

ROCCO
JOVENS LEITORES

Título original
Il meraviglioso regno di Atlantide

© La Nuova Frontiera, 2006

Todos os direitos reservados; nenhuma parte desta publicação
pode ser reproduzida ou transmitida por meio eletrônico, mecânico,
fotocópia ou de outra forma sem a prévia autorização do editor.

Direitos para a língua portuguesa reservados
com exclusividade para o Brasil à
EDITORA ROCCO LTDA.
Av. Presidente Wilson, 231 – 8º andar
20030-021 – Rio de Janeiro – RJ
Tel.: (21) 3525-2000 – Fax: (21) 3525-2001
rocco@rocco.com.br
www.rocco.com.br

Printed in Brazil/Impresso no Brasil

CIP-Brasil. Catalogação na fonte.
Sindicato Nacional dos Editores de Livros, RJ.

D524m   Di Marco, Emiliano
    O maravilhoso reino de Atlântida / Emiliano Di Marco;
ilustrações Massimo Bacchini; tradução Gabriel Bogossian.
    Rio de Janeiro: Rocco Jovens Leitores, 2011.
    il. – Primeira edição
    Tradução de: Il meraviglioso regno di Atlantide
    ISBN 978-85-7980-080-1

1. Literatura infantojuvenil italiana. I. Bacchini, Massimo. II. Bogossian, Gabriel. III. Título.

11-2691   CDD – 028.5   CDU – 087.5

O texto deste livro obedece às normas do
Acordo Ortográfico da Língua Portuguesa.

O maravilhoso reino de Atlântida

O sol surgia preguiçosamente sobre a cidade de Atenas, iluminando os seus templos e os seus esplêndidos palácios. Conforme a luz se fazia cada vez mais intensa, as pessoas começavam a sair das suas casas e a cidade ganhava vida lentamente. Os soldados tocavam as cornetas nos seus acampamentos, os comerciantes montavam suas barracas nos mercados do centro e as mulheres iam para as ruas fazer compras. Alguns vagabundos andavam de um lado para outro procurando o que fazer. No meio deste vaivém de gente, um velho e um menino caminhavam lado a lado, conversando bem baixinho.

O menino se chamava Arístocles, mas todos prefeririam chamá-lo de Platão, por causa das suas omoplatas largas. Além de ser forte e robusto, Platão era também muito inteligente e curioso. O seu sonho era se tornar um grande sábio e aprender a ciência que permite responder a todas as perguntas, a filosofia.

Por esta razão, alguns anos antes, havia conhecido o seu professor, Sócrates. Metera na cabeça que precisava descobrir quem era o homem mais sábio do mundo e, para isso, até incomodara o deus Apolo no seu santuário. Apolo, sem hesitações, lhe havia dito que, pelo que ouvira falar no Olimpo, o homem mais sábio de todos era Sócrates, o Ateniense.

E o deus não se enganara, porque Sócrates era um homem muito sábio e um ótimo professor, mesmo que às vezes se comportasse de maneira bastante estranha.

Juntos, eles faziam grandes passeios, durante os quais se esqueciam de tudo; às vezes, caminhavam tanto que, quando percebiam, estavam muito distantes do centro de Atenas e não sabiam mais como voltar. Durante esses longos passeios, Sócrates fazia um bocado de perguntas ao seu aluno, pois achava que a única maneira de aprender alguma coisa era compreender os problemas e as dúvidas, e não estudar um monte de datas e conceitos estranhos para depois esquecê-los em dez minutos. Assim, de pergunta em pergunta, o jovem Platão ficava mais sábio a cada dia.

Naquela manhã, os nossos amigos estavam prestes a começar o seu passeio habitual, quando três pessoas de ar muito sério se aproximaram.

– Você é Sócrates? – perguntou um dos três.

– Sim – respondeu o velho.

– O meu nome é Crítias – disse o mais jovem dos três –, e estes são os meus amigos Hermócrates e Timeu. Estávamos te procurando para falar de uma coisa muito importante.

– Importantíssima – acrescentou Hermócrates.

– A mais importante – concluiu Timeu, que parecia o mais velho e o mais sábio dos três.

– Do que se trata? – perguntou imediatamente Platão, muito curioso, enquanto uma vozinha na sua cabeça dizia "Aparentemente, hoje não teremos aula".

– É um segredo que diz respeito à fundação da nossa cidade, terríveis cataclismos e grandes projetos, sobre o qual ninguém, além de nós três, tem conhecimento – respondeu Crítias.

– Resumindo, nada que um menino possa ouvir – acrescentou Hermócrates.

Platão não concordava, porque se havia uma coisa de que ele gostava era escutar as histórias misteriosas e se envolviam terremotos e desastres melhor ainda. Além disso, todo aquele mistério o deixara curioso, e ele não via a hora de saber o que aqueles três homens queriam falar com o seu professor.

Sócrates logo percebeu o que passava pela cabeça dele e disse:

– Este menino é meu aluno, e tenho plena confiança nele.

Platão, ouvindo aquelas palavras, se encheu de orgulho e estufou o peito.

– Até porque, se ele disser alguma coisa, ganhará um belo cascudo – acrescentou depois, lançando um olhar para Platão, que murchou um pouco e ficou bem-comportado ouvindo.

– Confiamos no seu julgamento, Sócrates. Todavia, trata-se de fatos tão incríveis que não podemos falar no meio da rua de jeito nenhum. Podemos ir a um lugar mais tranquilo? – perguntou Hermócrates, olhando em volta, como se tivesse medo de estar sendo vigiado.

– Podemos ir à minha casa, se vocês não se incomodarem – propôs Sócrates.

Os três aceitaram e, pouco depois, o pequeno grupo chegou à casa de Sócrates. Lá, encontraram Xantipa, a mulher de Sócrates, que tinha acabado de limpar a sala de visitas. Era uma mulher alta e gorda, com um vozeirão grave como o som de um trombone. Assim que os viu chegar, lançou um olhar furioso a todos e perguntou:

– E então? Quem são essas pessoas?

– São amigos meus que precisam conversar comigo sobre um assunto muito importante – respondeu Sócrates.

Xantipa, que era um pouco mal-humorada e nada hospitaleira, se irritou muito ao pensar naquele monte de gente na sua casa.

– Ah, sim, agora são os amigos! Se todos forem como você, vão comer muito, falar mais ainda e não me ajudarão a lavar nem uma colherzinha!

– Olha, nós vamos para a sala de visitas. E, por favor, não fique escutando a conversa atrás da porta, como você sempre faz – disse Sócrates, sabendo que era inútil discutir.

– Mas claro! Não vou te atrapalhar, já que acabei de limpar tudo!

Sem dar atenção à mulher, Sócrates pediu que suas visitas entrassem. Os três haviam ficado aterrorizados com a mulher e sentaram-se muito nervosos.

– Não reparem, ela late muito, mas morde pouco. Então, sobre qual assunto vocês queriam falar?

Sentindo-se um pouco mais calmo, Crítias tomou a palavra:

– Caro Sócrates, você deve saber que a minha família descende de Sólon, o homem que escreveu as leis da nossa cidade. Alguns dias atrás, tive um sonho no qual meu antepassado me pedia para ir procurar algo na adega da nossa casa, pois encontraria lá alguma coisa muito importante. Fiz isso, e encontrei um antigo texto escrito por ele, no qual há uma história incrível.

– Muito incrível – acrescentou Hermócrates.

– A mais incrível – concluiu Timeu.

– Como sou apenas um jovem estudante, depois de lê-la, fui falar com Hermócrates, porque sei que ele é um homem muito sábio.

– E eu – continuou Hermócrates –, depois de ouvi-la, fui falar com Timeu, porque o considero mais sábio que eu.

– E eu, por fim – continuou Timeu –, quando a ouvi, vim te procurar, Sócrates, porque se diz que você é o mais sábio dos homens.

– E quem diz isso? – perguntou Sócrates, que nunca tinha ficado muito convencido com essa história de ser o homem mais sábio do mundo.

– Bom, este menino diz isso para todo mundo – respondeu Timeu, indicando Platão, que fingia não saber de nada.

– Quem me contou foi um vendedor de azeitonas, que ouviu de um marinheiro, que ouviu de um soldado, que ouviu...

– Está bem, está bem, entendi – disse Sócrates, lançando um olhar a Platão.

– Mas enfim, se é verdade que você é o mais sábio de todos...

– Não acho que sou tão sábio quanto vocês dizem, mas esta história me deixou muito curioso, e agora quero conhecê-la também – anunciou Sócrates.

– É uma bela notícia – disse Crítias.

– Belíssima! – acrescentou Hermócrates.

– A mais bela – concluiu Timeu.

Crítias tirou da sua túnica um velho papel escrito à mão e começou a abri-lo lentamente.

Platão não cabia em si.

Crítias começou a ler:

"Quando eu era jovem, fui encarregado de escrever as leis da minha cidade. Vendo-me diante de uma missão tão importante, fui ao Egito em busca de inspiração, porque naquele país estão conservados segredos antiquíssimos. Sabia que encontraria lá uma solução para os problemas dos moradores da minha cidade e também para os meus. Falei com muitos sábios, e todos me deram conselhos e me contaram histórias incríveis.

"Quero contar aqui uma dessas histórias, porque me parece a mais bonita e a mais importante, entre todas as que ouvi.

"Eu havia ido a um templo encontrar um sacerdote que, dizia-se, conhecia muitas coisas. Era um homem muito velho, com olhos profundos e impenetráveis, vestido com uma grande túnica e um estranho chapéu.

Parecia mesmo um bruxo. Falei sobre as minhas dúvidas e sobre a missão que meu povo havia me confiado. Depois de ter ouvido minha história, começou a rir de forma barulhenta e disse: 'Vocês gregos são como crianças. Não se lembram de nada do seu passado nem das leis dos seus antepassados. Por outro lado, isso não é culpa vossa.'

"'As leis dos meus antepassados?', perguntei, então.

"'Claro. Você deve saber que já aconteceram muitos cataclismos terríveis no mundo, como terremotos, dilúvios e inundações. Toda vez que estes desastres aconteciam, acabavam com o que havia antes: às vezes o sol se aproximava demais da Terra e queimava tudo; às vezes o mar se erguia e inundava a Terra.

"'Em todas as ocasiões em que isso acontecia, só poucas pessoas se salvavam, escapando como que por milagre. Mas se viam sem livros e sem nenhuma maneira de contar o que haviam vivido; e eram obrigadas a recomeçar do zero, como se tudo tivesse começado naquele instante. Só aqui, no Egito, conservamos a memória destes

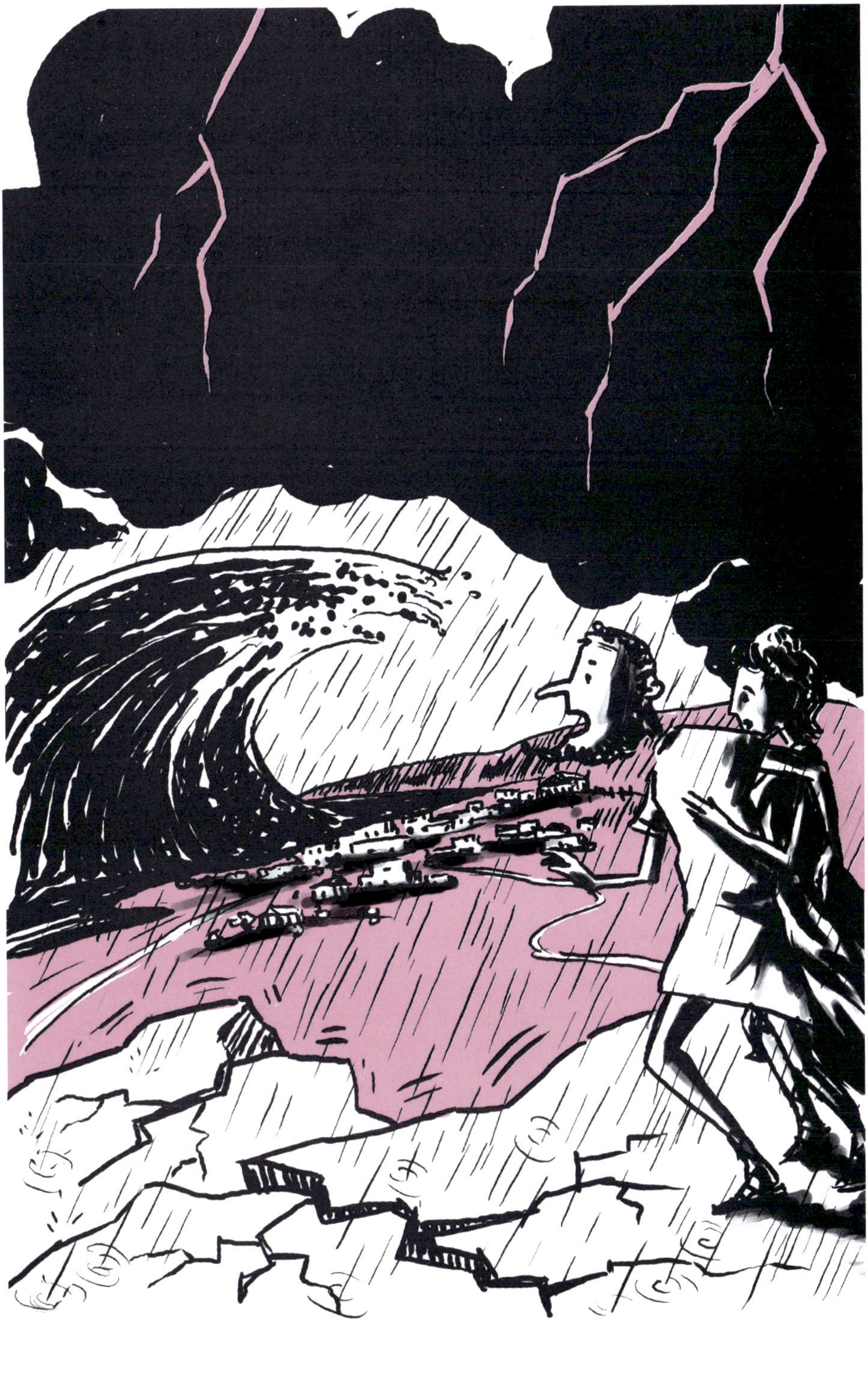

desastres, porque, desde os tempos mais antigos, temos o hábito de escrever esses eventos extraordinários em grandes livros, que guardamos com muito cuidado nos nossos templos.'

"Só de ouvir aquelas palavras, fiquei de boca aberta. Comecei a imaginar quantas civilizações haviam existido antes da nossa, e quantas histórias tinham se perdido para sempre. 'Tudo isso é incrível, grande sacerdote, mas não vejo qual a conexão com o meu problema', disse, depois que passou o susto.

"'A conexão é grande. Há nove mil anos, quando o mundo ainda era jovem, Atenas tinha as melhores leis que já existiram e era uma cidade admirada e respeitada por todos. Se você quer saber, as pessoas da sua cidade executaram os seus maiores e mais importantes feitos exatamente naquele período e graças àquelas leis, mesmo que só eu e pouquíssimas outras pessoas saibamos quais foram. E você, quer saber?'

"Obviamente respondi que sim, e o sacerdote começou a contar:

"'Muito tempo atrás, para além das Colunas de Hércules, havia um continente maravilhoso, chamado Atlântida, que foi engolido pelo mar...

Enquanto Crítias lia estas palavras, ouviu-se na sala um barulho terrível, e os três filósofos e Platão pularam da cadeira. A vozinha na cabeça de Platão começou a gritar:

– Droga, chegou o fim do mundo, como o sacerdote da história estava dizendo!

Ainda não era o fim do mundo, mas sim Xantipa, que entrara na sala, carregando uma bandeja com cinco pratinhos cheios de tripa de boi muito quentes.

– O que foi? Nunca viram tripa? – perguntou ela aos três hóspedes, que haviam se escondido atrás das suas cadeiras.

– Pode deixar a tripa sobre a mesa e sair, Xantipa – pediu Sócrates.

– Claro, me faço de empregada para você e para os seus amigos e não vou ouvir nem um "obrigado"! Sabem tantas coisas, mas a educação com certeza não é o forte de vocês! – gritou Xantipa, antes de sair batendo a porta.

Na sala, todos ainda estavam bastante assustados, e quando Platão se recompôs da entrada de Xantipa, perguntou a Sócrates uma coisa que queria saber havia muito tempo:

– Mestre, mas por que você casou com essa mulher?

Sócrates, sem se abalar, respondeu:

– Em primeiro lugar, este é um assunto que não diz respeito a um menino. Em segundo lugar, às vezes eu mesmo me pergunto isso e ainda não encontrei uma resposta convincente. Em terceiro lugar, isto te ensina que mesmo os homens mais sábios, às vezes, tomam decisões estúpidas. Agora vamos comer, antes que esfrie.

Platão, que não gostava nem um pouco de tripa de boi, tentou responder:

– Devemos mesmo comer?

– Não há nada além disso, e não acho que se esperarmos vai ficar melhor. Vamos, coragem: tripa nunca fez mal a ninguém – respondeu Sócrates.

"Muito menos bem", acrescentou a vozinha.

Depois da primeira garfada, Crítias disse:

– Esta tripa está horrível.

– Muito horrível – acrescentou Hermócrates.

Timeu, com seu ar grave, concluiu:

– A mais horrível.

Para azar deles, Xantipa tinha um péssimo gênio, mas um ótimo ouvido. Ofendida pelos comentários, gritou da cozinha:

– Se não gostaram da tripa, podem cozinhar vocês mesmos!

Para evitar outros gritos, os três decidiram parar de falar da tripa e voltar a se ocuparem do texto de Sólon. Platão se perguntava o que haveria naquela misteriosa Atlântida de que o sacerdote falara e quais seriam seus segredos.

Crítias então recomeçou a ler de onde tinha parado:

– "Muito tempo atrás, para além das Colunas de Hércules, havia um continente maravilhoso, chamado Atlântida, que foi engolido pelo mar por vontade dos deuses.

"Todos devem saber que, depois de criar o mundo, os deuses o dividiram, como se fosse um jardim: a cada um coube uma parte, que foi povoada por homens, animais ou monstros, segundo os seus gostos.

"Houve, porém, um problema durante essa divisão: três divindades brigavam pela posse da Ática, a região onde se encontra

Atenas. Poseidon, o deus do mar, Hefesto, o artesão dos deuses e deus da ciência, e Atena, a deusa da sabedoria.

"Os três queriam a Ática para si e não conseguiam chegar a um acordo. Depois de muitas discussões, por fim, Atena e Hefesto superaram as suas diferenças e se apossaram da região.

"Poseidon se irritou bastante, porque suspeitava que os dois haviam feito um acordo para deixá-lo de mãos abanando, e jurou que eles pagariam muito caro por aquela afronta.

"Enfurecido, deixou o Olimpo, o monte onde viviam os deuses, e, com passos gigantescos, atravessou rapidamente o mundo.

"Chegando aonde só havia o mar, depois das Colunas de Hércules, que marcam o fim do mundo, observando aquela quantidade imensa de água, decidiu que criaria ali o seu reino. Com um gesto da cabeça, fez emergir do oceano um continente imenso, composto por muitas ilhas, maior que a Ásia e a África juntas: era a Atlântida.

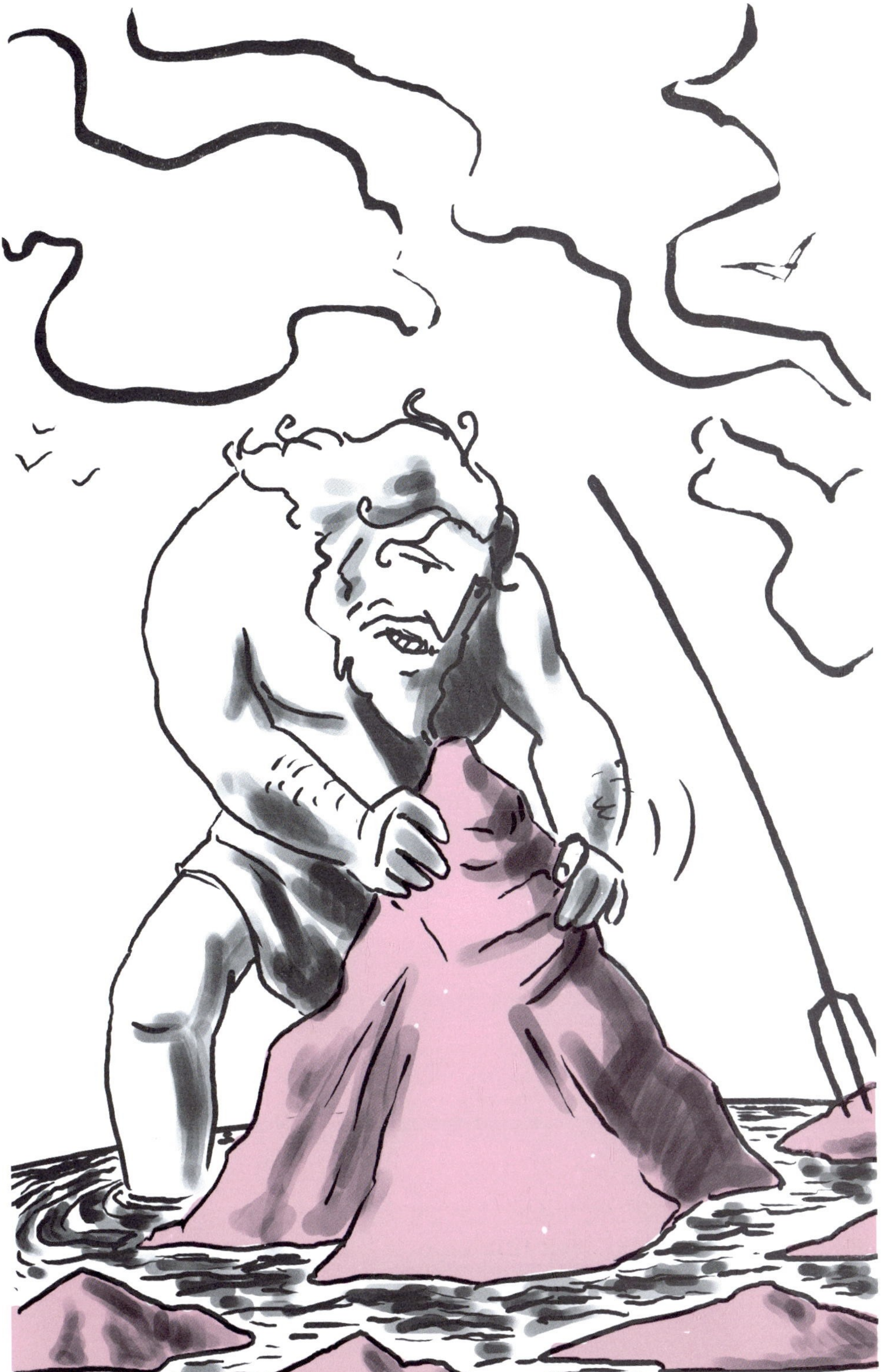

"Decidiu que na ilha maior seria erguida uma cidade esplêndida, que seria a capital de um vastíssimo império, mil vezes mais belo e desenvolvido que o dos atenienses, tão rico e poderoso que até Atena e Hefesto morreriam de inveja.

"Pegou a terra do fundo do mar e modelou uma montanha, não muito alta, mas bem larga. Com as suas enormes mãos, alisou sua ponta, com a mesma facilidade com que construímos um castelo de areia. No seu topo, criou duas nascentes, uma de água muito fria e uma de água quente; em seguida desenhou três círculos perfeitos, largos e profundos, e os encheu com a água das nascentes. Por fim, criou o curso de um rio, que partia do centro da ilha até o mar.

"Alisou toda a terra ao redor da montanha, formando uma vasta planície, que encheu com vários tipos de plantas, das quais cresceria espontaneamente tudo que pudesse servir aos homens que morassem naquela ilha.

"Acabara de criar um lugar perfeito para uma grande cidade, e faltavam os homens e mulheres para habitá-lo.

Para ter certeza de que se tornariam dignos daquela maravilha, decidiu que seriam seus filhos e que teriam nas veias o sangue de um deus.

"Começou a passear pelo mundo, procurando uma mulher digna de tão grande honra. Depois de ter percorrido muitos lugares, e descartado muitas pretendentes, encontrou, por fim, uma garota lindíssima, chamada Clito, e se apaixonou imediatamente. Seus pais, quando o deus se apresentou pedindo-lhes a filha em casamento, rapidamente aceitaram, e Poseidon voltou a Atlântida com a sua nova esposa. Ali viveram juntos por muitos anos, e tiveram cinco casais de gêmeos, todos lindos, fortes e inteligentes, porque eram filhos de um deus com uma mulher maravilhosa. Entre todos, porém, havia um que se distinguia pela sabedoria: era Atlante, o mais velho, e seu pai o pôs para reinar na maior das ilhas. Depois dividiu o reino em dez partes e deu uma para cada filho.

"Como queria deixar a capital do reino inatacável, Poseidon construiu ao redor do monte três círculos de muros. O mais externo era feito de estanho, o segundo de bronze e o terceiro de um metal que não existe mais, o oricalco, que refletia a luz como uma chama e era mais precioso que o ouro. Os muros eram tão grandes e grossos que ninguém, nem homem nem deus, seria capaz de derrubá-los."

Chegando a esse ponto, Crítias ergueu a cabeça do manuscrito e disse:

— Não é uma história incrível, Sócrates?

— Muito incrível? – acrescentou Hermócrates.

— A mais incrível? – concluiu Timeu.

"Pode ter certeza!", disse a vozinha na cabeça de Platão.

— Claro, claro – respondeu Sócrates. – Quero te fazer só uma pergunta, se eu puder, Crítias.

— Tudo que você quiser saber – replicou Crítias.

— Pois, então, notei que ainda tem tripa no seu prato. Posso comer o resto?

Crítias, que esperava outra coisa, ficou confuso por um momento e concordou. Enquanto Sócrates começava a se dedicar ao segundo prato de tripa, Crítias recomeçou a ler, lançando-lhe, de tempos em tempos, um olhar assustado.

O manuscrito continuava assim:

"Ao fim, o deus olhou para a sua obra e sorriu satisfeito. Atena e Hefesto com certeza não teriam feito melhor que ele, e seguramente o seu reino mataria de inveja todos os outros deuses. Antes de ir embora, deixou aos seus filhos leis escritas na pedra, para garantir que o reino que criara fosse sempre bem governado. Todo ano, primeiro os dez irmãos e depois seus filhos, netos e bisnetos, deveriam se reunir no templo, em frente às placas de pedra com as leis. Em seguida, para mostrar o seu valor, cada um mataria, com as mãos nuas, um touro. Só quem passasse por essa prova muito difícil era digno de continuar a reinar.

"Depois que Poseidon foi embora, seus filhos, sob o comando de Atlante, se dedicaram a completar a obra; construíram um templo em homenagem ao deus, todo feito de ouro e de oricalco, que refletia a luz do sol a centenas de quilômetros de distância, como um farol.

"Em pouco tempo a cidade sobre a montanha se encheu de mercadores, artesãos e soldados, atraídos por tanta fartura. Todos ficavam impressionados com a beleza da ilha e com o fato de que, graças aos rios, os navios chegavam diretamente à cidade, passando pelas muralhas indestrutíveis. A terra era tão fértil e cheia de riquezas que os habitantes de Atlântida quase não precisavam trabalhar: mesmo que comessem muito, parecia que os alimentos não acabariam nunca.

"Como animais de transporte e trabalho, no lugar dos cavalos e dos bois, utilizavam gigantescos elefantes, que eram tão comuns lá quanto os gatos e os cachorros são aqui.

"Seguindo os ensinamentos de Poseidon e as suas leis, os reis de Atlântida governaram de maneira justa por milênios. No seu reino, os súditos eram divididos em três grandes grupos. Alguns eram mercadores. Outros, desde pequenos, eram treinados para se tornarem guerreiros, e outros ainda viravam sacerdotes, estudando os segredos da ciência e das artes. As mulheres eram consideradas iguais aos homens e podiam se tornar soldados também."

(Já conhecendo Xantipa, Platão, quando ouviu esta parte, pensou que, de fato, essa mulher seria o terror de todos os inimigos: um grande guerreiro, muito mais hábil que os três visitantes de Sócrates, por exemplo.)

"Em Atlântida, as pessoas não podiam decidir qual trabalho fazer, e tampouco eram seus pais que faziam essa escolha, mas os sacerdotes, que, segundo as qualidades e as atitudes de cada um, estabeleciam qual seria a sua profissão.

"Os mercadores e os artesãos eram protegidos pela primeira muralha, os soldados pela segunda e na terceira, onde erguia-se o grande templo de

Poseidon, viviam os reis e os sacerdotes. Como todo o resto, o exército dos atlantes era superior a qualquer outro no mundo. Tinham milhares de carros de guerra que, quando atacavam, faziam a terra tremer, como se fosse um terremoto. O brilho das armaduras dos soldados, decoradas com ouro e oricalco, era visível por milhas e milhas, e cegava o inimigo, enchendo-o de terror. Os seus navios eram gigantescos, e os nossos maiores barcos, em comparação aos deles, não seriam mais que cascas de nozes. Como se não bastasse, Poseidon protegia sempre os seus descendentes, assegurando à frota as melhores correntes marítimas e os ventos mais favoráveis, de modo que pudessem facilmente vencer qualquer inimigo."

Neste ponto, Crítias, que havia lido por muito tempo, fez uma pausa para retomar o fôlego.

Platão o escutava boquiaberto, pensando em como deveria ser o reino de Atlântida, com os seus palácios maravilhosos e o seu exército invencível. Imaginava-se montado em um elefante, ou a bordo de um barco do tamanho de uma cidade, vestido com uma armadura tão brilhante que faria inveja ao sol.

Sócrates, por outro lado, parecia muito menos interessado e continuava a se dedicar alegremente à tripa que Hermócrates deixara no prato. Os três visitantes perceberam que ele parecia preferir a tripa à história de Sólon, e o observavam em silêncio, com ar um pouco ofendido.

– Mestre, talvez você devesse prestar mais atenção à história – sugeriu-lhe Platão, que tinha notado o desapontamento dos três filósofos e temia que eles interrompessem a leitura do texto.

– Eu ouço com as orelhas, portanto posso manter a boca ocupada. Além disso, essa história esperou nove mil anos para ser narrada, e cinco minutos a mais certamente não farão mal nenhum. A tripa, ao contrário, daqui a pouco estará horrível.

Platão, habituado aos comportamentos estranhos do seu professor, não disse mais nada, e esperou pacientemente que Crítias recomeçasse a ler, para saber o fim da história.

Crítias, depois de ter pigarreado de forma barulhenta, para chamar a atenção de Sócrates, recomeçou a leitura:

"Mas todo este imenso poder e estas incríveis riquezas, com o passar dos séculos, deixaram os habitantes de Atlântida presunçosos e arrogantes. O seu enorme exército massacrava todos os inimigos, e eles a cada dia se tornavam mais poderosos, embora também mais malvados e prepotentes. Conquistaram todos os povos do Mediterrâneo, das costas da África até aquele que hoje chamamos de mar Tirreno. Ninguém ousava atacá-los, porque sabiam que os muros construídos por Poseidon não podiam ser destruídos nem pelos deuses, e os habitantes de Atlântida só precisariam se fechar ali dentro para não ser atacados.

"O processo de conquistas do grande exército dos atlantes não encontrava ninguém capaz de se opor, até chegar aos limites do Egito, ameaçando seus habitantes.

"Ou vocês viram nossos escravos ou os esmagaremos com os nossos carros de guerra!', disseram os generais de Atlântida, seguros de serem imbatíveis.

"Os egípcios sabiam que não eram capazes de sustentar sozinhos uma guerra contra inimigos tão poderosos e destemidos, mas não queriam ceder a esta ameaça. Prefeririam morrer como homens livres a viver como escravos, e se recusaram a se renderem. Sabendo não poder resistir por muito tempo sozinhos, mandaram imediatamente embaixadores a todos os reinos vizinhos, em busca de ajuda.

"Todos os outros povos, porém, já haviam sido conquistados ou então tinham muito medo. Esperavam que, se ficassem bonzinhos e quietos, talvez a qualquer momento os atlantes se cansassem da prepotência e os deixassem em paz. Na realidade, isso era um grande erro, porque cada vitória só os tornava mais fortes e presunçosos, e continuariam fazendo o que quisessem até o mundo ser todo deles. Por isso, os atlantes eram adulados por covardes e destruíam quem quer que tivesse coragem de se opor. Parecia que o destino do Egito, e de todo o resto do mundo, estava decidido. Os embaixadores egípcios voltavam das capitais dos outros reinos sempre com a mesma resposta: nenhum deles queria desafiar o poder de Atlântida.

"Entre todos os povos, somente um decidiu responder ao pedido de ajuda proveniente do Egito: os atenienses.

"Apesar de Atenas ser apenas uma pequena cidade e Atlântida um grande império, e a despeito de os atenienses não possuírem muros indestrutíveis para se protegerem dos inimigos, decidiram se aliar aos egípcios e lutar ao seu lado, mesmo que todos tivessem certeza de que seria impossível vencer.

"Quando souberam que Atenas decidira ajudar o Egito, os generais de Atlântida sorriram satisfeitos. Não tinham, é óbvio, medo de uma cidade insignificante e pensaram que venceriam facilmente tanto os egípcios como os atenienses. Sabiam também que o seu reino fora criado por Poseidon depois de ele ter sido expulso de Ática; massacrando Atenas poderiam finalmente se vingar em nome do deus do mar, demonstrando de uma vez por todas que o seu reino era o mais poderoso do mundo. Mas estavam enganados.

"Atlântida foi arrasada pelos atenienses e egípcios, e, quando seus generais estavam organizando um novo exército, o continente foi engolido pelo mar em uma só noite.

"Os muros indestrutíveis não puderam contra as ondas do oceano, de onde haviam surgido pela vontade de Poseidon. Os seus palácios maravilhosos e a sua infinita arrogância agora repousam no fundo do mar. Os templos de ouro e de oricalco são casa para peixes, e ninguém mais se lembra do seu nome nem dos seus feitos.

"Os deuses, na verdade, já estavam cansados, havia muito tempo, da arrogância dos atlantes. O próprio Poseidon não ficava contente com o comportamento dos seus descendentes. Preferia que eles fossem respeitados pela sua sabedoria e não temidos pela sua força.

"Foi assim que, pouco antes da grande batalha entre o exército dos atlantes e o de egípcios e atenienses, Zeus, o rei dos deuses, reuniu todas as divindades no seu palácio e disse..."

– Disse o quê? – perguntou imediatamente Platão, que morria de vontade de ouvir o relato da grande ba-

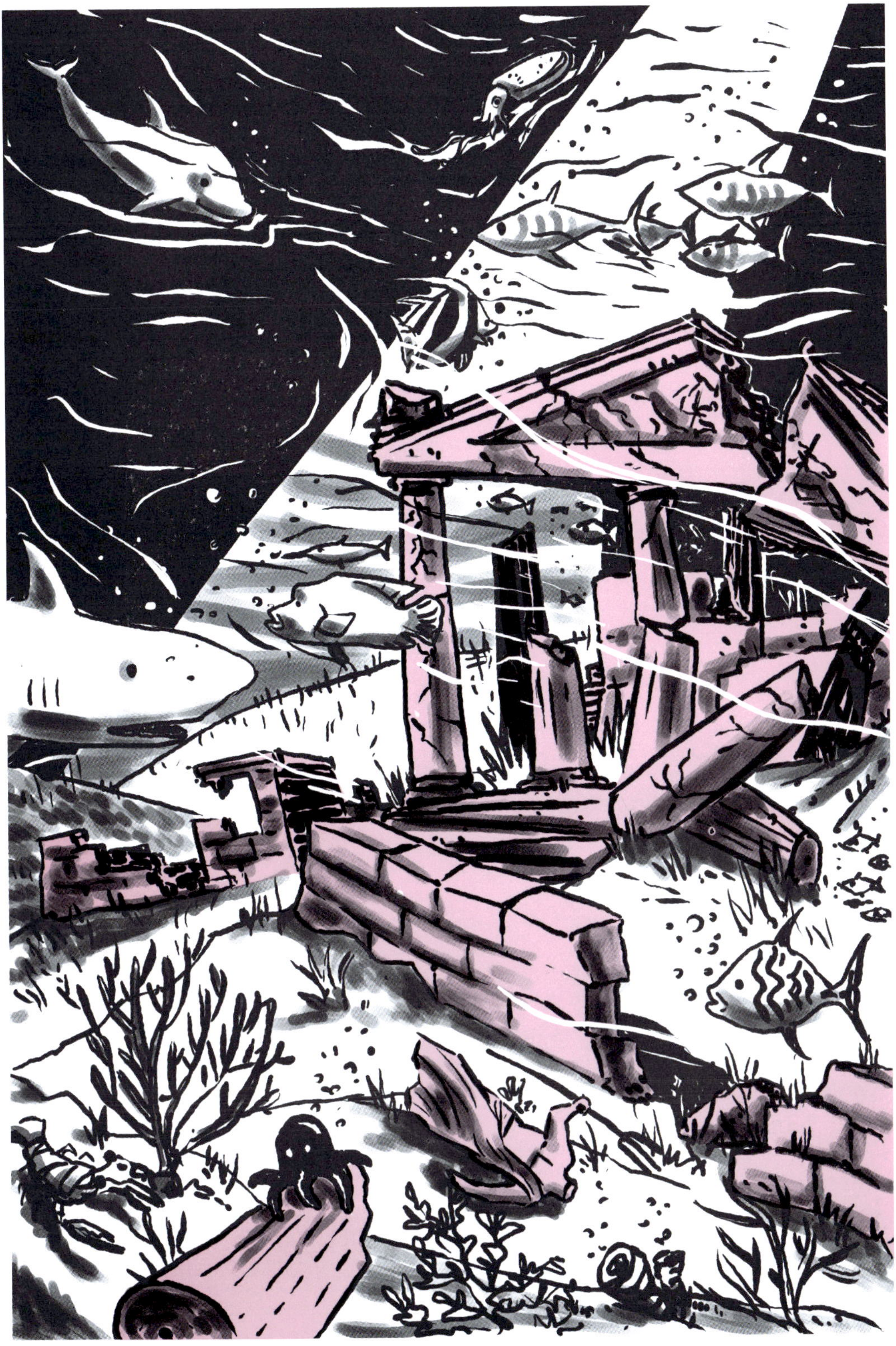

talha e de saber como acabava aquela história incrível. Sócrates, ao seu lado, continuava comendo tranquilamente, desta vez do prato de Timeu.

– Então, neste ponto há um grande problema – disse Crítias.

– Um grandessíssimo problema – acrescentou Hermócrates.

– O maior problema de todos – concluiu Timeu.

"Problema? Ah, não venham com brincadeiras agora!", disse a vozinha.

– Veja, Sócrates, o manuscrito acaba com estas palavras, e portanto não temos ideia de qual é a conclusão da história – explicou Crítias.

– É por este motivo que viemos até aqui. Como dizem que você é o mais sábio de todos os homens, pensamos que poderia nos ajudar – disse então Hermócrates.

– Ajudar no quê? – perguntou Sócrates, que havia acabado com a tripa de Timeu e estava olhando com certo interesse para o resto do prato de Platão.

– Como no quê? Em encontrar os segredos perdidos de Atlântida! Os seus muros indestrutíveis, os seus templos de ouro e de oricalco! – exclamou Timeu.

– Com certeza não é necessário ser o homem mais sábio do mundo para saber que, se os deuses destruíram um império, nenhum mortal pode devolvê-lo à vida. Nem eu nem ninguém pode ajudá-los – respondeu Sócrates tranquilamente.

– Nisto você tem razão – continuou Hermócrates –, mas está faltando a parte mais importante da história. Não se sabe como os nossos antepassados conseguiram derrotar um inimigo invencível. Se o soubéssemos, nós também poderíamos conquistar o mundo, você não acha?

Sócrates deu de ombros e respondeu:

– Para responder a isso também não é necessário ser o homem mais sábio do mundo. Esta é a parte mais clara de toda a história.

– Como? – disseram em coro os três filósofos, Platão e a vozinha.

– Sócrates, por acaso você conhece o fim desta lenda? – perguntou então Crítias.

– Não, de forma alguma, mas ouvi o início. Não se lembram? O sacerdote havia dito a Sólon que os atenienses tinham as melhores leis de todas e que graças a elas executaram seu maior feito. Isso não diz nada a vocês?

– Mas qual é a força das leis contra um exército invencível e uma muralha indestrutível? – perguntou Hermócrates.

– As leis, caro Hermócrates, são para uma cidade o que a alma é para uma pessoa. Se são boas, deixam-na sábia e justa. Se são ruins, deixam-na má e prepotente. Os muros de Atlântida não podiam ser destruídos, e seguramente estão até hoje no fundo do oceano, lindos, como no dia em que foram construídos, mas inúteis. As nossas leis, ao contrário, não podem ser afundadas, nem esmagadas por inimigos. Foram as leis que levaram nossos antepassados a se aliarem contra os habitantes de Atlântida, para impedir uma injustiça. E os habitantes de Atlântida se tornaram maus quando deixaram de seguir os ensinamentos de Poseidon, cegos pela riqueza e pelo poder.

Se vocês quiserem que a nossa cidade seja a maior, não percam tempo procurando continentes submersos, mas tentem fazer com que as nossas leis sejam as melhores e que sejam respeitadas pelos seus cidadãos – respondeu Sócrates, em tom solene.

– Realmente, pensando desta maneira, tudo fica claro – disse Crítias.

– Claríssimo – acrescentou Hermócrates.

– É a coisa mais clara de todas – concluiu Timeu. – Não entendo como não pensamos nisso antes.

– Será que vocês também estavam cegos pelo brilho do ouro e do oricalco? – perguntou Sócrates, sorrindo.

Platão se sentiu um pouco culpado, porque ele também, tomado como ficara ao ouvir todas aquelas descrições maravilhosas, deixara passar o sentido da história. Estava se perguntando como tinha feito para não perceber logo que todo o relato do sacerdote girava em torno da importância das leis, quando subitamente a porta se abriu e Xantipa entrou de novo na sala.

Os três filósofos, vendo-a entrar, se agacharam atrás das suas cadeiras, enquanto a mulher lhes lançava um olhar furioso.

– Pelo visto vocês gostaram da tripa. Estão pensando em ficar muito mais tempo aqui jogando conversa fora? Será que esperam que eu faça o jantar também? – perguntou, com ar ameaçador.

– Para dizer a verdade, acabei de lembrar que tenho um compromisso importante – disse Crítias.

– Vejam que coincidência, eu também. Importantíssimo – acrescentou Hermócrates.

– E eu também. O mais importante – concluiu Timeu.

Muito rapidamente, os três filósofos se despediram e correram para a porta, em parte porque se encontravam apavorados e, em parte, porque, sem nada terem comido,

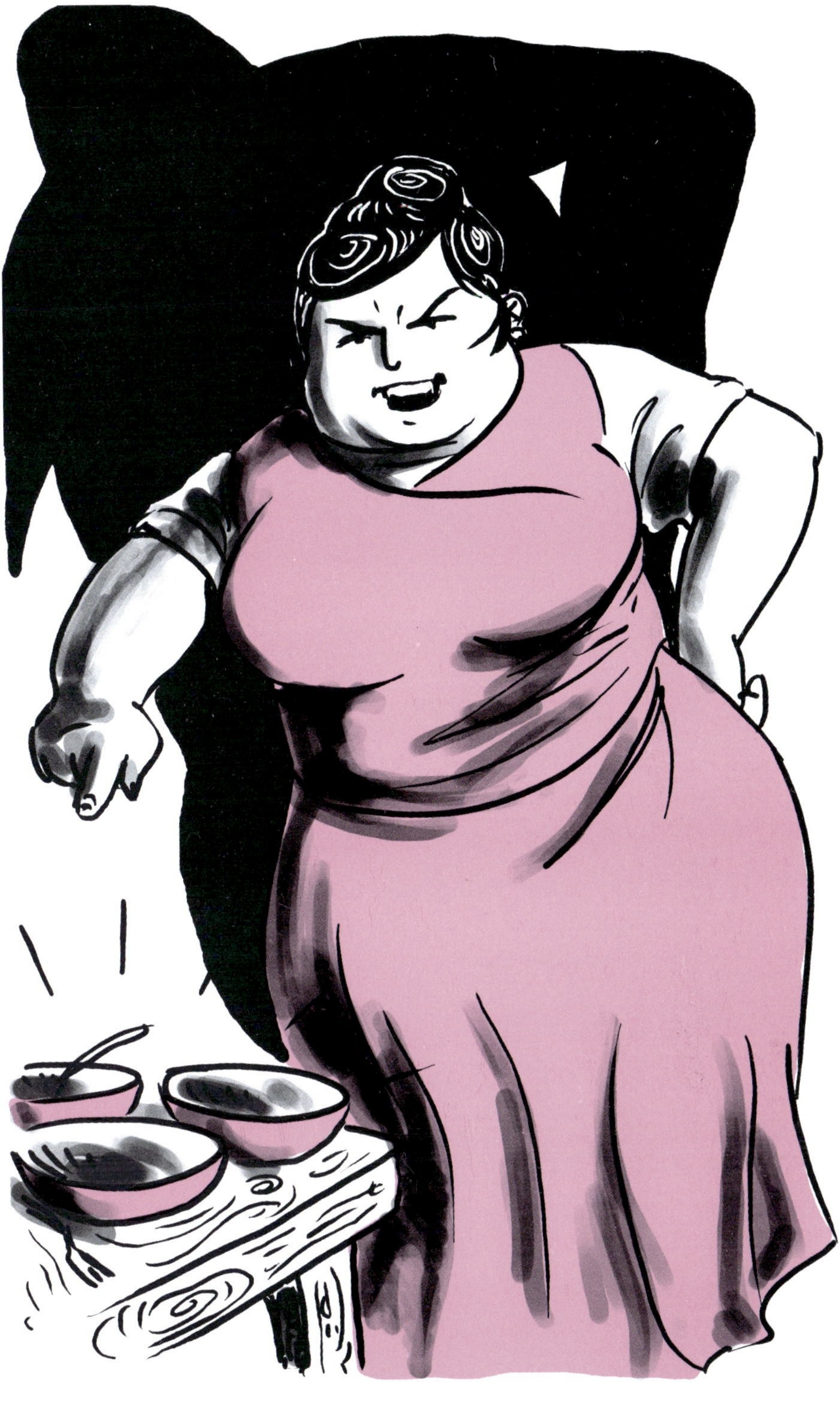

estavam com muita fome. Xantipa ficou observando-os e depois se dirigiu a Sócrates.

— Os seus amigos! Sempre reclamam, mas basta oferecer um prato de tripa que eles avançam! Que gentinha!

E saiu também, batendo a porta atrás de si.

A sós, Platão perguntou a Sócrates:

— Mestre, você acha que a história que Crítias leu era real ou inventada? Houve mesmo um reino tão maravilhoso?

— Isso eu não sei – respondeu Sócrates. – Mas sei que o sentido da história é verdadeiro, e é isto o que importa. Sólon queria nos ensinar alguma coisa, e fico contente que você estivesse aqui para escutar, até porque, entre uma coisa e outra, ficou tarde e hoje não teremos aula. De qualquer forma, ainda quero te perguntar uma coisa.

— Diga, mestre.

– Você não vai comer o resto da tripa? Porque eu ainda estou com um pouco de fome...

Naquele dia Platão não teve aula, mas nos anos seguintes visitou seu professor todos os dias, ficando sempre mais sábio. Aprendeu muitas coisas, mas mesmo depois de adulto não parou de pensar no maravilhoso reino de Atlântida e nos seus habitantes. Ele gostara tanto daquela história que pouco antes de morrer escreveu um livro, e graças a ele todos nós a conhecemos até hoje.

Algumas perguntas e respostas...

Sócrates existiu de verdade e foi um dos mais importantes filósofos da antiguidade. Nasceu no ano 469 antes de Cristo, o que quer dizer quase dois mil e quinhentos anos atrás. Era filho de um escultor e de uma parteira, e foi aluno de um filósofo chamado Críton. Entre muitas coisas, foi soldado, e parece que era muito corajoso, capaz de ficar parado pensando por dias inteiros, mesmo no meio dos perigos. Casou-se com Xantipa, uma mulher muito braba, e teve três filhos. Porém, nós nos lembramos dele como um grande professor, mais do que qualquer outra coisa. Infelizmente, a sua maneira de agir lhe trouxe muitos inimigos, tanto que foi processado e condenado à morte. Sócrates teria podido se salvar, mas preferiu deixar que o matassem a abandonar sua amada cidade.

Platão, o nosso menino Arístocles, foi o melhor e mais famoso dos muitos discípulos de Sócrates. Depois que o seu professor morreu na prisão, ele decidiu escrever seus ensinamentos, também porque Sócrates vivia tão ocupado em dar aulas que nunca havia encontrado tempo para escrever nem duas linhas. É graças a ele que temos esta história e também todas as outras que estão contidas nos Diálogos, isto é, os relatos onde Sócrates discute com outras pessoas e expõe as suas ideias.

O que é um filósofo?

Há tantas respostas para esta pergunta que, desde o tempo dos gregos até hoje, os sábios não conseguiram chegar a um acordo. Filósofo quer dizer "amigo da sabedoria", e indica uma pessoa que busca responder a perguntas muito difíceis, tais como: "O que é certo e o que é errado?", "Como sei de verdade as coisas?" e, também, "O que acontece depois que se morre?". Os gregos foram os primeiros filósofos, que naquele tempo eram também cientistas e estudavam a natureza. Hoje, mesmo tanto tempo depois de Platão, muitas das perguntas que Sócrates fazia ainda estão sem respostas. Talvez, com um pouco de sorte, você possa encontrá-las. Quem sabe?

A vozinha era o que os gregos chamavam de daimon, que era uma espécie de anjo da guarda, aparecendo para dar conselhos e resolver problemas. Alguns hoje chamam-na de alma, outros de consciência. Segundo Sócrates e Platão, todo mundo tinha uma e, se prestarmos atenção, de vez em quando podemos ouvi-la. Esta teoria agradou a muitos filósofos, que a repetiram bastante, mesmo que um pouco modificada. Então se às vezes você também ouve esta vozinha, isso talvez signifique que, quando você crescer, será filósofo ou então um dentista muito sábio.

Para ensinar, Sócrates tinha um método muito particular, que, em grego, tem um nome muito feio, maiêutica, mas que significa uma coisa muito bonita: a arte de fazer o parto das crianças. O método se baseava em fazer perguntas, de modo que o aluno encontrasse sozinho as respostas, justamente graças à vozinha que, se encorajada pelo professor, não erraria nunca, e em pouco tempo chegaria sozinha a todas as respostas. Sócrates dizia que a verdade está dentro de cada um de nós, exatamente como a criança está dentro da barriga da mãe, e só precisa de uma ajuda para sair.

A história que você acabou de ler, com algumas mudanças, foi contada pela primeira vez por Platão em dois livros, chamados *Timeu* e *Crítias*. Infelizmente, Platão morreu antes de poder completar sua trilogia com o terceiro diálogo, que deveria se chamar Hermócrates, e portanto nós não sabemos qual é o final da história, exatamente como neste livro. Se você está curioso, saiba que segundo alguns Atlântida era a ilha grega de Santoríni, segundo outros Creta; há quem diga que se localizava no Atlântico, entre a África e a América, e quem diga que fosse o polo Sul. Segundo outros, é só uma história inventada por Platão para explicar as suas ideias sobre como deveria ser o Estado perfeito.

As leis de que se fala nesta história são iguais àquelas com que temos de lidar todos os dias: são as regras que explicam o que se deve e o que não se deve fazer. É óbvio que desde sempre este é um assunto muito importante, que apaixonou os filósofos. Para Platão, era uma das perguntas mais importantes para a qual se deveria encontrar uma resposta, tanto que ele dedicou muitos dos seus escritos a este assunto.

Impresso na Markgraph Gráfica e Editora Ltda.